S0-AVD-456

RATUS POCHE

COLLECTION DIRIGÉE PAR JEANINE ET JEAN GUION

La classe de 6ᵉ
et le monstre du Loch Ness

La classe de 6ᵉ

© Hatier Paris 2004, ISSN 1259 4652, ISBN 2-218 74802-9

La classe de 6^e
et le monstre du Loch Ness

Une histoire d'Hélène Kérillis
illustrée par François San Millan

HATIER

Les personnages de l'histoire

Le Tondu : petit débrouillard, jamais à court d'idées.
Son passe-temps favori : tout expérimenter.

Crème-Baba : incorrigible gourmande.
Son dessert préféré : le baba à la chantilly.

D'Artagnan : doux rêveur toujours dans la lune.
Sa passion : les animaux.

Double-Dose : porte un gilet bourré de médicaments.
Sa vocation : devenir médecin.

Cocoax : grenouille apprivoisée de D'Artagnan.

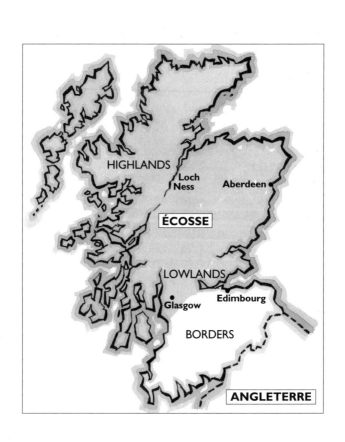

1

– Tu en veux un ?

Je sors de ma poche une poignée de carambars, mon remontant préféré, et je les mets sous le nez de Double-Dose. En même temps, il tombe une pluie d'emballages qui se collent aux fiches que nous sommes en train de compléter, ma copine et moi. Elle saisit un papier du bout des doigts, fronce ses sourcils noirs et me dit sur un ton moqueur :

– Crème-Baba ! Tu ne peux pas oublier ton estomac pendant un quart d'heure d'affilée ?

– Ben non…

– Au moins, mange proprement ! Sinon, je ne fais pas la fiche avec toi !

Je fourre les papiers dans ma poche et je me lèche les doigts un par un tout en regardant le paysage défiler par la fenêtre du train. Je n'ai pas envie que ma copine me laisse tomber, surtout aujourd'hui que commence un « voyage à objectif pédagogique » comme disent les profs. Double-

Dose est la meilleure élève de la classe, qu'est-ce que je deviendrais sans elle ?

– Alors, Crème-Baba ! Tu la fais avec moi, cette fiche, oui ou non ?

– Voilà ! Voilà !

Une fois le stylo calé, ou plutôt collé entre mes doigts, je me penche sur ma feuille. Faire faire des fiches pendant un voyage, c'est bien une idée de prof !

Voyage pédagogique de la 6ᵉ A
FICHE N° 1
■ Le voyage pédagogique est organisé par : ....

– Qu'est-ce que tu as mis, Double-Dose ?

– Par M. Eps, professeur d'éducation physique et sportive et Mme Ho, professeur de sciences et vie de la terre.

– Tu ne mets pas Mlle Ash, enfin, je veux dire Lady Lisa Ti ? Elle doit pourtant nous donner des cours d'anglais pendant le séjour, non ?

– Va pour Lady Lisa Ti !

J'ai hâte de la revoir avec son sourire plein de fossettes. Mlle Ash était la surveillante la plus sympa du collège. Et puis elle s'est mariée avec notre ex-prof d'anglais, Mister Ti. C'est du moins sous ce nom que nous avons fait sa connaissance lorsqu'il est venu en France chercher l'amour de sa vie en enseignant dans notre collège. Depuis, il a repris sa véritable identité de gentleman écossais et son nom complet, Sir Angus Ti. Maintenant, Lady Lisa Ti et Sir Angus Ti vivent heureux dans un château construit au bord du Loch Ness et peuplé de fantômes. C'est là que nous allons loger. Voyons la suite de la fiche. Je m'applique pour compléter :

■ Le séjour est d'une durée de : *quinze jours*.
■ L'hébergement se fera au château de : ....

– Dis, Double-Dose, tu te souviens du nom ?

– Blackmoor Castle… Le château de la Lande Noire !

Ma copine a prononcé le nom d'une voix caverneuse. J'imagine aussitôt un ciel encombré de nuages, des sifflements de vent sur une lande perdue, une panne d'électricité et un hurlement de fantôme qui se répercute dans les vastes couloirs du château. J'en ai des frissons partout.

– A… arrête ! C'est… c'est pas drôle !

– Mais je plaisante, Crème-Baba ! Heureu-

Où se rend la classe de 6ᵉ ?

sement que tu n'avais pas de carambar dans la bouche sinon, tu l'avalais de travers !

C'est vrai que je ne suis pas courageuse comme Double-Dose. Elle n'a peur de rien. Même si elle croyait aux fantômes, elle n'hésiterait pas à les attaquer à coups d'aspirine et autres traitements de choc qu'elle dissimule dans son gilet, elle qui veut devenir médecin ! Moi, j'aimerais mieux les amadouer à coups de carambars ou de babas à la chantilly, mon deuxième remontant préféré. Un fantôme gourmand ne peut pas être complètement méchant.

– Regarde le programme, me dit Double-Dose.

Ce voyage s'inscrit dans le cadre des études de langue, sciences et vie de la terre, éducation physique et sportive avec pour objectifs :
■ Pratique d'une langue étrangère en situation.
■ Étude de la géologie de l'Écosse (sous-sol et paysages)
■ Initiation à l'aviron en milieu hostile.

– Mi... milieu hostile ? Qu'est-ce que ça veut dire ?

– Ça veut dire que quand tu tomberas à l'eau, ça sera froid !

– Arrivée à Londres dans quelques minutes ! Vous allez voir !

C'est Mme Ho qui passe dans le wagon en répétant les consignes : ne rien oublier dans le train. Ne pas quitter le groupe. Ne pas laisser ses bagages sans surveillance. Elle ponctue chaque phrase d'un vigoureux *Vous allez voir!* qui fait trembler ses lunettes sur son nez, comme un appareil chargé d'enregistrer les secousses de la croûte terrestre. Pour une prof passionnée de géologie, c'est tout à fait réussi.

Sur le quai de la gare, Mme Ho se livre pour la centième fois à son rite préféré :

– Vingt et un… Vingt-deux… Vingt-trois! Le compte est bon! Vous allez voir!

Les lunettes de Mme Ho approuvent. Soudain, on m'appelle :

– Crème-Baba! Que penses-tu de mon détecteur de monstre sous-marin?

C'est Le Tondu, le troisième copain de la bande. Surexcité comme d'habitude, il me détaille sa dernière trouvaille de bricoleur : un écouteur de CD auquel il a relié un canard en plastique, à la fois caisse de résonance, flotteur et camouflage pour le fil souple de l'antenne qui descend sous l'eau.

– Un détecteur de monstre sous-marin?

intervient Double-Dose. Quel monstre ?

– Nessie, bien entendu ! Tu n'as pas complété la fiche ? Le milieu hostile, c'est Nessie, le monstre du Loch Ness !

– Et pour Blackmoor Castle, tu n'as rien prévu ? Pas de détecteur de fantômes ?

Ma copine regarde Le Tondu avec un sourire moqueur, mais il prend la remarque très au sérieux :

– Mince alors ! J'y ai pas pensé… Mais peut-être qu'avec quelques modifications, mon détecteur de…

– En avant ! Faut y aller carrément !

M. Eps, le prof de sport, nous interrompt de sa voix de haut-parleur. Avec lui, il faut toujours y aller carrément. D'ailleurs, chez lui, tout est au carré : sa coupe de cheveux, ses épaules, ses mâchoires. S'il existait des yeux carrés, il en aurait !

Lorsque la classe de 6e est installée dans le train qui file vers l'Écosse, les professeurs nous laissent enfin respirer. Et la bande se retrouve au complet, Double-Dose, Le Tondu, D'Artagnan et moi-même. Sans oublier Cocoax, la grenouille apprivoisée de D'Artagnan. Justement je ne la vois nulle part.

– Où est-elle ? je demande à mon grand copain toujours dans la lune.

– Elle boude ! répond D'Artagnan.

Cocoax en train de bouder ? Ça n'arrive que de façon exceptionnelle, quand D'Artagnan la gronde, ou bien s'il s'intéresse à une autre grenouille, ou bien si elle n'a pas eu sa ration de libellules.

– Elle m'a fait une peur bleue ! explique D'Artagnan. Je la croyais perdue, elle était allée explorer les bagages de M. Eps !

– Il a une réserve de libellules dans son sac ?

J'éclate de rire. D'Artagnan reprend :

– Le prof a un équipement de plongée sous-marine. L'odeur de l'eau a attiré Cocoax. Alors que j'ai pris la peine de lui préparer une douche portative !

Pour hydrater sa grenouille pendant le voyage, D'Artagnan a emporté un arrosoir de poche et une cuvette en plastique afin de recueillir l'eau.

– Et qu'est-ce que tu fais de l'eau, après ?

– Ben… Je partage avec Cocoax, on en boit un peu chacun…

On se retient de rire et on termine le voyage en rectifiant la fiche remplie par D'Artagnan.

Comme d'habitude, il a mis des réponses farfelues. Par exemple : M. Eps, homme-grenouille ; ou encore : Lady Lisa Ti, reine des fantômes du Loch Ness.

Le soir tombe lorsque nous arrivons en vue de Blackmoor Castle. Le château apparaît soudain, grande ombre noire découpée aux ciseaux sur le ciel rouge feu. La classe de sixième se tait instantanément. J'ai le pressentiment que dans un décor pareil, les choses ne peuvent pas se passer aussi tranquillement que dans ma petite maison française !

2

– …Baba ! Crème-Baba ! Réveille-toi !

– Mmmm ?

– Tu as entendu ? Ce craquement…

– Mmm… C'est le camion…

– Quel camion ?

– Le camion de caramb…

Une secousse de plus et cette fois me voilà tout à fait réveillée. Le camion de carambars s'éloigne définitivement au pays des rêves. Double-Dose chuchote à mon oreille, une lampe électrique à la main. Et le craquement se fait entendre à nouveau.

– C'est un vieux meuble, non ? Ou peut-être un fantôme ? Dans un château d'Écosse, c'est normal ! Si on se rendormait ? Justement j'étais en train de rêver que…

– Moi, je vais voir !

Ça y est ! Double-Dose est de nouveau en proie à une crise d'aventurite ! Comme si on ne pouvait pas laisser les craquements craquer tout

5

seuls jusqu'à ce qu'ils en aient assez ! Il va falloir se lever en pleine nuit et parcourir des couloirs interminables en grelottant au lieu de laisser tranquillement les fantômes s'ébattre dans leur domaine. Et ça finira certainement par une catastrophe…

Pourtant tout avait bien commencé : hier soir, Sir Angus Ti et Lady Lisa Ti nous ont chaleureusement accueillis dans le hall de Blackmoor Castle. Puis Skinner, le majordome chargé de veiller à la bonne marche du château, nous a conduits dans nos chambres. Je n'ai jamais vu un homme au visage aussi froid. Un vrai concombre ! Les garçons se sont installés dans la partie gauche sous la surveillance de M. Eps, tandis que Mme Ho et les filles avaient leurs chambres dans la partie droite. Pas facile de fermer l'œil dans une pièce encombrée de tableaux avec ces vieux barbus qui nous surveillent du haut de leur cadre !

Et voilà que Double-Dose me réveille pour se lancer dans une expédition nocturne ! J'enfile mes chaussons en ronchonnant et je rejoins le halo lumineux de sa lampe alors qu'elle ouvre la porte. Le craquement se fait de nouveau entendre.

Double-Dose se glisse dans le couloir. Comme je regrette d'avoir mangé le morceau de cake que j'ai emporté après le repas ! En l'émiettant, j'aurais pu faire comme le Petit Poucet. Parce que je suis sûre que nous allons nous perdre : ce château est un véritable labyrinthe ! D'ailleurs on n'entend plus rien, à part la respiration de Double-Dose et la mienne.

– Si… si on retournait se coucher ?

C'est bien sûr le moment que choisit le vieux château pour craquer à nouveau. Double-Dose avance en direction du bruit, tandis que je me cramponne au gilet qu'elle a enfilé par-dessus son pyjama. Et soudain, le craquement se fait à nouveau entendre, mais cette fois, derrière nous. Je sursaute.

– Aïe ! Arrête de me pincer le bras !

– Je… j'ai… j'ai pas… pas fait exprès…

Si le craquement vient de derrière, c'est que nous avons traversé le bruit et l'auteur du bruit sans avoir rien vu ! Ça s'est volatilisé ! J'aimerais mieux me sauver, mais Double-Dose fait demi-tour. Au bout d'un temps indéfini, nous nous retrouvons devant la porte de la chambre, sans avoir jamais rencontré âme qui vive. Si fantôme il y avait, il s'est débrouillé pour nous éviter. Ouf !

– On verra ça demain ! déclare Double-Dose.

Fruits, œufs, bacon, brioches… Le petit déjeuner du lendemain matin est aussi royal que le dîner de la veille. Je me demande comment Lady Lisa Ti a pu préparer un pareil buffet pour ce matin !

– Sir Angus Ti et moi-même, nous avons engagé deux maîtres d'hôtel pour vous recevoir pendant ces quinze jours, m'explique-t-elle. Ils s'appellent Mister Bick et Mister Pick.

J'ai de la peine à retenir un sourire à cause du contraste entre le haut et le bas : les deux hommes portent toque et blouse blanche en haut, et en bas, le kilt, la jupe plissée caractéristique du costume écossais.

Double-Dose vient s'asseoir à côté de moi avec un plateau bien garni.

– Il faut prendre des forces ! On a un problème de craquement à résoudre, aujourd'hui.

C'est justement ce qui m'inquiète. Je sens, oui, je sens qu'il va se passer des choses terrifiantes dans ce château. Je n'ai même plus faim…

– Avec tout ce que tu as déjà avalé, ça ne

*Qui Lady Lisa Ti a-t-elle engagé
pour recevoir la classe de 6ᵉ ?*

m'étonne pas ! dit ma copine.

— Voici le programme de la journée… annonce madame Ho. D'abord, visite guidée de Blackmoor Castle en anglais, avec Lady Lisa Ti. Il y aura une fiche à remplir, vous allez voir !

— Et cet après-midi, enchaîne M. Eps, premier entraînement sur le lac. Avec les avirons, faudra y aller carrément !

Lady Lisa nous conduit sur un chemin qui domine le site de Blackmoor Castle. Nous découvrons un paysage à couper le souffle : des nuages rapides balaient le ciel, la lumière varie sur les eaux du Loch et sur les collines environnantes.

— Tu crois qu'on va le voir dès ce matin ? demande D'Artagnan.

— Qui ça ? demande Le Tondu.

— Ben, Nessie, bien sûr ! Cocoax a très envie de faire sa connaissance.

— Le monstre du Loch Ness ne fera qu'une bouchée de ta grenouille ! s'exclame Double-Dose.

Cocoax pousse un couac de frayeur et se réfugie dans la manche de D'Artagnan. Mon grand copain proteste :

– C'est malin ! Tu vas me la traumatiser !

– Je plaisantais ! Comment une légende pourrait-elle avaler une grenouille ? Nessie n'existe pas !

Bien sûr, avec son esprit scientifique, Double-Dose ne croit ni aux fantômes ni aux monstres. D'Artagnan s'inquiète tout de même. Il demande au Tondu :

– Ton détecteur de monstre du Loch Ness, il fait la différence entre un mangeur de grenouilles et un monstre civilisé ?

– Ben… C'est un prototype… Faudra faire un essai… avoue Le Tondu, qui n'a pas l'air très sûr de sa technologie.

– *Look at the castle !* Regardez le château ! s'écrie Lady Lisa. Blackmoor Castle est construit sur un éperon rocheux qui s'avance dans le Loch Ness. C'est ici qu'en 1506, Sir Mac Ti, ancêtre de Sir Angus Ti, a décidé de construire la Yokuhska Tower, une énorme tour. Deux siècles plus tard, un bâtiment supplémentaire a été ajouté.

– Pourquoi Sir Mac Ti a-t-il choisi cet endroit ? demande Le Tondu.

– C'est une légende familiale. Sir Mac Ti et ses hommes étaient partis à cheval pour chasser sur les coteaux dominant le Loch. Soudain, un orage éclata. Un éclair jeta Sir Mac Ti et sa monture en contrebas du coteau, et ils se seraient noyés si un être surgi des eaux ne les avait pas déposés sur l'éperon rocheux qui s'avançait dans le Loch…

– Un être surgi des eaux ? je demande en frissonnant.

– Il s'appelait… Nessie ! ajoute Lady Lisa.

– Ha ! Je savais bien que c'était pas une blague ! s'écrie D'Artagnan.

– Quand les hommes de Sir Mac Ti rejoignirent leur maître, ils le crurent en danger. Ils s'apprêtaient à percer le monstre de leurs flèches, mais Sir Mac Ti les en empêcha : il affirmait avoir conclu un pacte d'amitié et de protection mutuelle avec l'animal fabuleux.

– Je suis sûr qu'on va s'entendre avec ce Sir Mac Ti, pas vrai Cocoax ? dit D'Artagnan.

– Je te signale quand même qu'il est mort depuis environ cinq cents ans, fait remarquer Double-Dose à voix basse.

– … et voilà pourquoi le château s'élève à cet endroit précis : c'est le lieu de la rencontre entre Sir Mac Ti et Nessie.

Retour à Blackmoor Castle. La visite guidée se poursuit à l'intérieur du château. Lady Lisa Ti nous fait admirer le hall : plafond sculpté, tapisseries, dallage.

– Et ces deux portes, là ? demande soudain Double-Dose.

– Euh… C'est privé. L'une conduit au cabinet de travail de Sir Angus Ti, dans la Yokushka Tower, l'autre donne sur un escalier qui descend directement au bas de la tour. Autrefois, c'est par là qu'on allait puiser l'eau du Loch… Mais continuons plutôt la visite !

Double-Dose me chuchote :

– J'aimerais bien savoir ce que cache cette Yokushka Tower.

Au secours ! Double-Dose a encore une idée derrière la tête. Mais je ne veux pas errer une autre nuit dans les couloirs de Blackmoor Castle. Ou alors, il faut me fournir les petits cailloux à semer tout le long du chemin !

Le grand salon est impressionnant tellement tout y semble démesuré : meubles grands comme des autobus, tapis d'un kilomètre, cheminées à rôtir un bœuf. Sur les murs sont accrochés des tableaux de famille que Lady Lisa Ti commente :

– Sir Henry Ti et son épouse Jenny Boyd, arrière-grands-parents de Sir Angus Ti.

L'homme porte les cheveux séparés en deux par une raie, la jeune femme s'abrite sous un superbe chapeau à fleurs.

– Il paraît que les nuits de grand vent, ils reprennent vie, dit Lady Lisa Ti.

– Mais… mais alors… Le… le château est réellement hanté ?

– Naturellement, répond Lady Lisa sans se démonter. Comme tous les châteaux d'Écosse !

Alors même avec les petits cailloux, c'est non. Cette nuit, je la passerai dans mon lit.

Le Tondu se plante devant un portrait imposant et demande :

– Et celui-là, c'est qui ?

Un homme au regard fier se tient près d'un cheval à robe brune.

– C'est Sir Mac Ti, l'ancêtre qui a construit Blackmoor Castle, explique Lady Lisa Ti.

– Il a une bonne tête ! déclare D'Artagnan.

– Et dans la vitrine en dessous, qu'est-ce que c'est ? demande Double-Dose.

– Ce sont des guêtres, c'est-à-dire des jambières de cuir. Elles protègent des piqûres de chardons,

12

si fréquents dans nos landes écossaises. La légende dit que ces jambières-ci ont été portées par Sir Mac Ti le jour où il a rencontré Nessie.

Lady Lisa glisse une clé dans la serrure et ouvre la vitrine. Elle enfile les guêtres par-dessus ses chaussures, marche sur quelques mètres, faisant craquer le vieux cuir. C'est alors que Double-Dose se tourne vers moi :

– T'entends ? C'est le même craquement que cette nuit !

– Tu en es sûre ?

– Absolument ! Quelqu'un se promenait cette nuit dans les couloirs de Blackmoor Castle avec ces guêtres aux pieds.

– Qui ça ? Et pourquoi ?

– C'est ce qu'il va falloir découvrir…

3

Voyage pédagogique de la 6ᵉ A
FICHE N° 2

■ Qui a construit Blackmoor Castle ?
Nessie et son copain Sir Mac Ti.

■ À la suite de quel événement ?
Une baignade dans le Loch Ness.

■ À quelle époque ?
Quand les animaux parlaient avec les hommes.

– Tu ne vas pas mettre ça sur ta fiche ? je demande à D'Artagnan.

– Ben si ! Pourquoi ? C'est pas les bonnes réponses ?

– Faut y aller carrément !

M. Eps nous distribue les gilets de sauvetage et les rames avant la séance d'aviron sur le Loch Ness, en répétant sa formule magique au moins deux fois par minute.

Une fois les gilets attachés, la classe de sixième vient se planter comme une forêt d'avirons au garde-à-vous devant le prof. Au signal, la forêt se met en marche vers le lac. Ce qui donne lieu à quelques explications :

– Pousse-toi, vieille branche !

– T'entends ou t'es dur de la feuille ?

– Bouge-toi ! Tu prends racine ou quoi ?

Normalement, dans les courses d'aviron qu'on voit à la télé, les rames montent et descendent dans l'eau toutes ensemble, ce qui fait avancer le canot. On dirait que ça se fait tout seul. Eh bien, pas du tout ! Chaque aviron est doté d'une volonté propre, surtout le mien. Il refuse obstinément de fonctionner en parallèle avec les autres et notre embarcation tourne en rond.

– En rythme, Crème-Baba ! me crie Double-Dose.

– Oui, mais lequel ?

– J'ai une idée ! dit D'Artagnan.

Peu après, nous filons sur le Loch en dépassant tous nos copains. D'Artagnan a installé Cocoax aux commandes : c'est au son des *Coa !* de la grenouille que nous avons fini par dompter les avirons ! Nous atteignons l'éperon rocheux où se dresse Blackmoor Castle en un temps record. On distingue un étroit sentier qui serpente du bord de l'eau jusqu'au pied de la Yokushka Tower. Il ne faut pas avoir le vertige pour se balader dans un endroit pareil !

Soudain, Cocoax se met à coasser sans souci d'aucun rythme.

– Qu'est-ce qu'elle a ? demande Double-Dose.

– Ben, elle a trouvé des copines. Elle leur dit bonjour en anglais. Tu n'entends pas ? *Goad oafternoon.*

Mon grand copain est le seul d'entre nous à comprendre Cocoax. Parfois, ça nous agace.

Il se dresse sur le bateau en criant :

– Noooon ! Pas maintenant !

Trop tard ! Cocoax a plongé dans les eaux du Loch ! Et D'Artagnan aurait déjà plongé à sa suite si mes copains ne l'avaient pas retenu.

– Laisse-la prendre un bain, ça ne peut pas lui faire de mal.

– Mais elle ne connaît pas ce lac, elle va se perdre !

– Ses copines lui montreront le chemin.

D'Artagnan se calme. En attendant, nous sommes en panne. Sur le Loch Ness, la lumière change à chaque instant : un rayon de soleil et les eaux brillent, un nuage et de grandes plaques sombres se posent sur le lac. Dans ces jeux de l'ombre et de la lumière, on se demande toujours

Qui va plonger dans les eaux du Loch Ness ?

s'il n'y a pas un monstre en train de jouer à cache-cache.

– Cocoax… Elle ne revient pas… se lamente D'Artagnan.

– Si on essayait avec le détecteur à monstre du Tondu ? Ça marche peut-être aussi pour les grenouilles ?

Le Tondu sort de son sac à dos ses écouteurs reliés à leur canard de plastique. Il cale les écouteurs sur ses oreilles, fait descendre le fil dans l'eau et pose le flotteur en surface.

– Allo ? Y'a quelqu'un au bout du fil ? demande sérieusement Le Tondu.

– Cocoax ? C'est toi ? interroge D'Artagnan d'une voix angoissée.

Mon grand copain se penche par-dessus bord en scrutant les eaux noires du Loch. Il me semble que moi aussi je distingue des paroles articulées. Est-ce que je vais comprendre le langage grenouille ? C'est alors que Double-Dose intervient :

– Regarde derrière toi quel genre de grenouilles nous avons détecté !

Je me retourne d'un coup. Ce ne sont pas les habitants aquatiques du Loch que nous entendions, mais nos copains de la classe de sixième qui nous rejoignent, M. Eps en tête !

– Il y a trop d'interférences ! déclare sérieusement Le Tondu en repêchant son engin. 15

– Demi-tour et on rentre ! Faut y aller carrément !

Mais D'Artagnan refuse catégoriquement de partir sans Cocoax. Nous ne pouvons tout de même pas passer la nuit sur le Loch en attendant une grenouille !

– Lâche-lui les baskets à Cocoax ! Elle a besoin de vivre sa vie, dit Le Tondu.

– Rentrez si vous voulez, moi je reste ! déclare D'Artagnan.

Avec un seul canot, je ne vois pas comment c'est possible. À moins de laisser D'Artagnan perché sur un aviron planté dans le Loch… Il faut toute la persuasion de Double-Dose pour 16 décider notre grand copain à rentrer avec nous à Blackmoor Castle. Le premier argument me semble convaincant : on n'a jamais rapporté le moindre cas de grenouille décédée par noyade. Le second argument me fait froid dans le dos :

– Si Cocoax n'est pas rentrée après le dîner, on te métamorphose en grenouille et tu plonges dans le Loch pour récupérer Cocoax, ça te va ?

Métamorphose ? Baignade nocturne ? Ma copine est devenue folle !

– Double-Dose ! Tu... tu as remarqué ?

– Les garçons ne sont pas à table ? Je sais ! Ils sont en mission spéciale. Reprends donc un scone. Ces petits gâteaux sont délicieux ! Et tu en auras bien besoin pour cette nuit.

– Je... Ah... Cette... cette nuit ?

Le repas était tellement bon que j'avais complètement oublié les projets d'expédition nocturne ! J'ai besoin d'aller m'asseoir à une des petites tables qui sont réparties dans la salle à manger de Blackmoor Castle. Mister Bick et Mister Pick vont et viennent pour garnir le buffet. Eux, ils peuvent sourire, et parler, et marcher avec l'espoir d'une bonne nuit ! Soudain, mon regard tombe sur leurs pieds. Aussitôt, je rejoins Double-Dose :

– Tu... tu as vu ? Ils portent des guêtres. C'était eux, la nuit dernière !

– Possible... Mister Bick et Mister Pick cachent peut-être quelque chose. Il faudra les avoir à l'œil !

Peu après, nous empruntons tous les quatre l'escalier qui descend au bas de la Yokhushka Tower. Nous aboutissons dans une salle vide. À gauche, un puits. En face, une porte qui donne sur l'extérieur. La mission spéciale de D'Artagnan et du Tondu consistait à emprunter sa tenue d'homme-grenouille à M. Eps, bien sûr à son insu. Maintenant, j'assiste à la métamorphose : D'Artagnan revêt la combinaison, Le Tondu lui fixe les bouteilles d'oxygène sur le dos.

Double-Dose ouvre la porte et nous entraîne sur le chemin caillouteux qui descend vers les eaux noires du Loch. Je frissonne malgré moi. J'ai le vertige… Il fait froid et en plus j'ai peur. Quand je pense que les autres copains de la sixième sont tranquillement installés dans le grand salon de Blackmoor Castle en train de regarder un film !

Une fois au bord du lac, D'Artagnan enfile les palmes, saisit la lampe de poche étanche et s'enfonce dans les eaux lugubres du Loch. Le Tondu s'accroupit sur le bord, installe son détecteur, écouteurs, fil, canard, et nous attendons. Je me demande à quoi ça servira : D'Artagnan ne peut pas parler sous l'eau, ni les poissons d'ailleurs. Alors à qui demander la direction prise par notre copain ?

– À Nessie ! me dit Double-Dose avec un clin d'œil.

Comment peut-elle plaisanter alors que nous sommes au pied d'un château hanté avec un copain disparu dans un lac hanté lui aussi ! Le temps passe et le cauchemar devient réalité : aucun signe de notre copain. Il a bel et bien disparu.

– Ça bouge ! Y'a du grabuge là-dessous ! s'écrie soudain Le Tondu.

Pourtant la surface de l'eau est parfaitement lisse. Que se passe-t-il au fond du Loch ? Avec quel genre de monstre D'Artagnan se bagarre-t-il ? Un dinosaure aquatique ? Une pieuvre ? Un serpent préhistorique ? Une fois D'Artagnan avalé, la bête voudra peut-être se mettre un petit dessert sous la dent, par exemple les trois humains juste au bord du Loch ? Prudemment, je recule de quelques pas. Trop tard ! Soudain l'eau m'éclabousse et il surgit du fond des eaux un énorme monstr… Non, c'est D'Artagnan qui jaillit, Cocoax perchée sur la tête ! Il nage jusqu'à nous, ôte son masque et déclare tranquillement :

– Ça vaut le détour.

Et voilà ! Tandis que j'étais morte de peur, monsieur faisait du tourisme !

– Vite ! dit Double-Dose. Il faut retourner à Blackmoor Castle avant la fin du film, ou bien on s'apercevra de notre absence.

Nous voilà courant en pleine nuit sur le sentier qui monte à la vieille tour du château. Enfin, quand je dis courir… D'Artagnan a beaucoup de mal à avancer avec ses palmes. Je l'entends grommeler :

– Je comprends pourquoi les grenouilles sautent au lieu de marcher.

Nous voilà au pied de la tour. Double-Dose tourne la poignée et pousse la porte. Rien ne bouge. Nous nous jetons tous ensemble sur le battant. Rien n'y fait. Skinner, le majordome, a dû passer par là et fermer le château comme tous les soirs : la Yokushka Tower est cadenassée ! Nous sommes prisonniers dehors !

4

– On… on ne va quand… quand même pas passer la nuit dehors ? dis-je en tremblant.

En contrebas, le Loch Ness et ses eaux noires. Au-dessus de nous, un ciel menaçant : je sens des gouttes de pluie.

– On va contourner la tour et arriver à l'entrée principale ! décide Double-Dose.

– Et après ? je demande. Qu'est-ce qu'on va dire pour D'Artagnan avec sa combinaison d'homme-grenouille ?

– Somnambulisme !

– Mais… On voit bien qu'il n'est pas en pyjama !

– Somnambulisme sous-marin !

Je ne trouve rien à répondre. Si c'est Skinner le majordome qui nous ouvre la porte, nous pourrons peut-être faire comme si de rien n'était. Après tout, un concombre est un concombre : il reste froid devant n'importe quelle extravagance. Mais si c'est un des profs…

37

Soudain Le Tondu s'arrête brutalement.

– Regardez !

Dans la cour d'honneur du château, deux voitures de police sont garées. Leurs gyrophares lancent des éclairs bleus sur la façade de Blackmoor Castle tandis que des silhouettes en uniforme vont et viennent.

– Tu… tu crois qu'ils nous cherchent ?

– M. Eps est là… Et Mme Ho…

– Et Lady Lisa Ti… Et Skinner…

– Qu'est-ce qu'on fait ?

Je ne sais pas où Le Tondu et Double-Dose vont chercher leurs idées. Mais ils en ont trouvé une. Tout d'abord, D'Artagnan se débarrasse des bouteilles, des palmes et du masque de plongée. Il les cache derrière un buisson. Ensuite, je fais mon apparition dans le halo des phares, marchant à grand peine et soutenue par Le Tondu et Double-Dose. Tandis que l'attention se porte sur nous, D'Artagnan se faufile à l'intérieur de Blackmoor Castle. Et nous servons aux profs et aux policiers la petite histoire inventée par mes copains :

– On a entendu du bruit… Un cambrioleur…

– On s'est lancé à sa poursuite…

– Et je me suis tordu la cheville…

Ça m'ennuie un peu de raconter des mensonges à Lady Lisa Ti : elle me fait étendre sur un canapé, me demande où j'ai mal, commence à me masser la cheville, parle d'appeler un médecin.

Les policiers prennent le relais :

– Des témoins oculaires ! Parfait !

– O… o… oculaires ? C'est-à-dire ?

– Vous avez vu le cambrioleur, vous allez pouvoir nous donner son signalement.

– Qu'est-ce qui vous a alertés ? La porte du bureau fracturée ou la vitrine brisée ?

Je regarde mes copains avec angoisse. Qu'est-ce que c'est que cette porte fracturée et cette vitrine brisée ? On ne va pas nous accuser d'avoir cassé quelque chose, au moins ? Double-Dose se glisse à côté de moi :

– Tu ne comprends pas ? Il y a réellement eu un cambriolage ! Ne dis rien. Répète seulement la même chose que moi.

Double-Dose sait y faire : elle affirme avoir été alertée par un bruit de verre, mais prétend que dans le noir, il nous a été impossible de distinguer la silhouette du malfaiteur. Et c'est

*Qu'est-ce que les cambrioleurs ont cassé
dans le bureau de Sir Angus Ti ?*

avec un bel accent de sincérité que Le Tondu et moi nous déclarons :

– On n'a rien vu du tout.

Sir Angus Ti nous rejoint. Il tire sur sa barbe rousse d'un air préoccupé. Il examine en détail son bureau que le malfaiteur a mis sens dessus dessous.

– *Well…* Je crois que rien n'a disparu… Mais c'est difficile à dire, à cause du désordre. En tout cas dans la vitrine brisée, on n'a rien pris.

– Que contient-elle ? demande un policier.

– Des souvenirs de mon arrière-grand-père auxquels je suis attaché. Par exemple, son vieux microscope qui date du début du XXe siècle. Je ne comprends pas… Des objets de valeur, il y en a partout à Blackmoor Castle. *Why ?* Pourquoi être entré dans la Yokushka Tower ? Pourquoi avoir saccagé mon bureau ?

C'est alors qu'un autre policier fait irruption dans la pièce, le matériel de plongée à la main : le voleur serait-il venu par le Loch ? M. Eps intervient, furieux :

– Mon équipement ! C'est du vol, carrément !

Un troisième policier apporte les vêtements de D'Artagnan. Il les a trouvés dans la salle basse de la tour. On va chercher mon copain, qui a eu le temps de se mettre en pyjama. Yeux à demi fermés, cheveux ébouriffés, il semble émerger d'un profond sommeil. Je me demande s'il joue la comédie ou s'il s'est réellement endormi après notre expédition nocturne.

– Mmmm ? Oui… C'est mes vêtements…

– Comment se fait-il qu'on les ait retrouvés dans la Yokushka Tower ?

– La Tower ? Mmmm ? Ben… C'est à cause de ma grenouille… Elle a sauté à l'eau pour faire connaissance avec Nessie et…

– Vous ne voyez pas que cet enfant rêve debout ? s'exclame Lady Lisa Ti. Laissons-le en dehors de tout ça ! Au lit toute la classe !

Ouf ! Lorsque D'Artagnan dit la vérité, c'est tellement renversant que personne n'y croit !

Le lendemain, nous partons sous la conduite de Mme Ho : il s'agit d'étudier la géologie des Highlands, la région qui s'étend au Nord de l'Écosse. Nous pataugeons d'abord dans un champ de tourbe, cette terre très noire qui remplace le charbon. Puis nous visitons une exposition au *Great Glen Exhibition*. Impossible d'échapper à la fiche n° 3 :

Voyage pédagogique de la 6ᵉ A
FICHE N° 3

■ Qu'est-ce que le Great Glen ?

Longue faille qui sépare les Highlands du reste de l'Écosse.

■ Depuis quand existe-t-il ?

Depuis des millions d'années. Autrefois, la mer du Nord devait communiquer avec le reste de l'océan Atlantique.

■ Par quoi est occupé le fond du Glen ?

Par des lacs d'eau douce reliés entre eux par des canaux creusés au XIXᵉ siècle.

Maintenant que j'ai recopié la moitié de la fiche de Double-Dose, je peux tranquillement faire une pause carambar avant de continuer. Outre la partie réservée à la géologie, le *Great Glen Exhibition* comporte une salle consacrée au monstre du Loch Ness. C'est là que je retrouve D'Artagnan en grande conversation avec Cocoax devant une énorme statue de Nessie en plastique. L'animal ressemble à un diplodocus à petite tête, long cou et corps verdâtre. Cocoax commente :

– Coooa… Coooa… Pouahc !

– Tu trouves, toi aussi ? lui dit D'Artagnan.

– Qu'est-ce qu'elle trouve ? je demande à mon copain.

– Que cette reproduction ne ressemble pas du tout au vrai Nessie.

– Ah bon ? Qu'est-ce qu'elle en sait ?

– Elle est complétée, cette fiche ? intervient Mme Ho. Non ? Alors retournez à la salle de géologie, non mais vous allez voir !

Je vais me planter devant le panneau consacré au Loch Ness. C'est un lac de quarante kilomètres de long, d'une profondeur de trois cents mètres, et comme ses eaux sont chargées de particules de tourbe en suspension, il est impossible de voir au fond. Alors je me demande comment D'Artagnan a pu retrouver Cocoax en plongeant la nuit dernière dans le lac. Dire qu'il aurait pu se perdre définitivement !

– À quoi tu penses, plantée là sans manger ? me demande soudain Double-Dose.

– Mais je ne mange pas tout le temps !

– Ah bon ? J'ai repensé à cette nuit. Tu sais ce qui m'a frappée ? Mister Bick et Mister Pick !

– Mais… ils n'étaient pas là !

– Justement ! Tout le château était sens dessus dessous et pffft ! Disparus ! Pas de Mister Pick ni de Mister Bick. Où pouvaient-ils bien être, à ton avis ? Pas dans leur chambre, ils auraient été réveillés. Alors où ?

J'avoue mon ignorance. Double-Dose, elle, a une théorie : ils couraient sur la lande pour échapper aux policiers. Ce sont eux les malfaiteurs. Le Tondu intervient :

– Et si c'était le concombre ? Il a assez de sang-froid pour tromper tout le monde !

– Maintenant, la salle consacrée à Nessie, clame madame Ho. Vous allez voir !

On parle de Nessie depuis quatorze siècles. La légende date de Saint Colomban, un moine qui aurait vu le monstre en 540 après Jésus-Christ. En 1934, on a fait des photos, sur lesquelles on distingue une forme floue. On a fait des recherches avec sonar, lumière infrarouge et autres techniques de pointe. Sans résultat. Alors ? Explication de la prof :

– Si Nessie était un mammifère, on l'aurait repéré, car il aurait eu besoin de remonter fréquemment à la surface pour respirer. Un reptile ? Les eaux du Loch sont trop froides. Donc Nessie est un canular, vous allez voir !

– Nessie est un amphibien, comme Cocoax,

45

murmure D'Artagnan. Quand on lance des recherches, il se cache dans sa caverne secrète du Loch et il échappe à tous les instruments de détection !

J'adore D'Artagnan. Avec lui, la vie est hautement fantaisiste, ça me console de toutes ces fiches horriblement sérieuses que les profs se croient obligés de nous faire faire.

Retour à Blackmoor Castle. J'ai hâte de savoir ce que Mister Bick et Mister Pick nous ont préparé pour le repas de ce soir. Déjà la nuit tombe quand notre car franchit la grille du château. Alors, une vision extraordinaire nous colle aux vitres : le parc de Blackmoor Castle est parsemé de points phosphorescents, comme des centaines d'étoiles tombées sur le gazon. Et ces étoiles sautent en tous sens en émettant des sons bizarres. C'est hallucinant.

– Des… des grenouilles phosphorescentes !

Nous ne sommes pas revenus de notre surprise que la porte du château s'ouvre. Lady Lisa Ti s'élance vers nous et, les larmes dans la voix, nous annonce :

– Angus a été arrêté par la police !

5

Je reste pétrifiée comme toute la classe de 26 sixième. Double-Dose réagit la première :

– Sir Angus Ti arrêté ? Mais pourquoi ?

Lady Lisa Ti prend une grande inspiration, ravale ses larmes et déclare :

– Il est accusé d'avoir… d'avoir pollué les eaux du parc. Des poissons sont morts, les grenouilles sont contaminées… et la pollution menace de s'étendre au Loch Ness. Mais Angus n'y est pour rien ! Jamais il n'aurait procédé à des essais dans la nature !

Lady Lisa Ti s'interrompt, de nouveau submergée par l'émotion. Skinner le concombre s'approche d'elle :

– Il vaudrait mieux que Milady prenne un thé bien fort, si je puis me permettre.

Lady Lisa Ti acquiesce et retourne au château. 27 D'Artagnan, lui, s'éloigne vers le parc.

– Où va-t-il ? je demande.

– Je suppose qu'il va prendre des nouvelles

De quoi Sir Angus Ti est-il accusé ?

des grenouilles avec Cocoax comme interprète, répond Le Tondu.

– Tu crois qu'elle sait parler anglais ?

– Avec Cocoax, on n'est sûr de rien. Avec D'Artagnan non plus, d'ailleurs…

– Vous savez ce que je pense de toute cette affaire ? intervient Double-Dose.

À ses yeux qui pétillent, je devine. Elle a un bon mystère sous la main. Quelle aubaine ! Enfin, pour elle. Moi, à force de puiser dans ma réserve de carambars de secours pour me donner du courage, je ne sais pas si mon stock ne va pas s'épuiser avant la fin de l'histoire. Si je demandais à Mister Bick et à Mister Pick de me préparer une réserve de babas à la chantilly, mon autre remontant préféré ?

– Crème-Baba ! Ferme la bouche et ouvre tes oreilles ! Je résume. Sir Angus Ti fait des recherches scientifiques. Sans doute une tradition familiale : souvenez-vous du microscope de l'arrière- grand-père dans la vitrine ! Soudain les ennuis commencent : cambriolage, pollution, arrestation…

– Mais pourquoi le cambrioleur n'a-t-il rien volé ? interrompt Le Tondu

— Et qui se promène en guêtres la nuit dans les couloirs de Blackmoor Castle ? je demande.

Double-Dose nous expose sa théorie : le cambrioleur n'a pas pris d'objet de valeur parce qu'il cherche autre chose, ce qui l'amène à se déplacer dans les couloirs la nuit… En guêtres ou non, peu importe. Et pour avoir le champ libre, il cherche un moyen de se débarrasser de Sir Angus Ti. D'où la pollution des eaux du parc.

— Tu sais quoi ? intervient Le Tondu. Tout ça s'est produit depuis l'arrivée de la classe de sixième au château !

— Exact ! dit Double-Dose. Or Lady Lisa Ti nous a dit qu'elle avait engagé Mister Bick et Mister Pick spécialement pour notre séjour…

— Si on laissait la police s'en occuper ?

Mais mes deux copains ne m'entendent même pas. Double-Dose décide de surveiller le concombre. Le Tondu s'occupera des deux Misters avec D'Artagnan. Justement, le voilà qui nous rejoint. Il est furieux contre le criminel qui a provoqué la pollution des eaux.

— Ces pauvres poissons, ces grenouilles sans défense… C'est une honte !

Avec leur peau très sensible, les grenouilles

ont immédiatement ressenti les effets de la pollution et sont sorties de l'eau avant d'être intoxiquées. Elles en seront quittes pour une peau phosphorescente pendant quelques heures et de petits ennuis gastriques. C'est ce que Cocoax a traduit à D'Artagnan. Et bien sûr, il est tout à fait d'accord pour coincer le criminel qui a mis la faune en danger. Alors, que propose-t-il pour cette nuit ?

– Demander conseil à Sir Mac Ti…

Bravo… Vraiment, bravo ! Entre D'Artagnan qui se propose de faire la causette avec un fantôme mort depuis cinq cents ans et mes deux autres copains qui vont faire la chasse aux bandits, j'ai bien peur d'épuiser encore plus vite que prévu ma réserve de carambars.

– Et toi, Crème-Baba, tu ne dis rien ? me fait remarquer Double-Dose.

– Si ! Je dis une seule chose ! Je dis que mon programme pour cette nuit, c'est : DORMIR !

Dormir… 148 moutons… 149… 150… Dormir… Dormir… 151… Je n'y arriverai jamais ! 152 moutons… Non, je n'ouvrirai pas les yeux. Dormir… Et pourquoi faut-il qu'il y

ait un vent terrible justement cette nuit ? 153…
154… 155 moutons… Tiens, en voilà un qui
s'envole… Les moutons décollent les uns après
les autres, le vent détricote le troupeau et forme
un nuage de laine qui s'étire, court à toutes
pattes dans le ciel avec un ronflement de
moteur. Soudain, il fonce vers la terre et c'est le
crash…

Un sursaut me secoue tout entière et je me
réveille, le cœur affolé. Ouf ! Ce n'était qu'un
cauchemar. Je tâtonne à la recherche de ma
lampe de poche et je la glisse sous ma
couverture. Un déclic, et me voilà dans une
grotte de tissu, rassurante et chaleureuse. Bien
sûr, il y a toujours ce maudit vent. Malgré
l'épaisseur des murs, on l'entend cogner et rugir
comme un forcené. Je me demande si ça n'a pas
réveillé Double-Dose. Un petit coup de lampe
vers son lit, et je reste muette de stupéfaction :
personne ! Le lit est vide ! Ma copine est en
train d'errer dans les couloirs de Blackmoor
Castle ! Rien ne l'arrête ! Et puis zut ! Tant pis
pour elle ! Moi, je reste au chaud sous les
couvertures ! Dormir… Je veux dormir…

Que… Qu'est-ce que c'est ce craquement ? Et

si… Et si Double-Dose était en danger ? Si elle avait besoin de mon aide ? Je rejette les draps d'un coup. Abandonner ma copine, ce n'est pas possible. Mais elle va m'entendre ! Enfin, si je la retrouve… J'enfile mes chaussons et je me lance sur ses traces. Le halo de ma lampe tremble sur chaque meuble. Que peut un misérable cercle de lumière face aux ténèbres où mon imagination invente toutes sortes de créatures ? Et ce vent qui n'en finit pas de gémir, de siffler, de… de parler ? Comment est-ce possible ? Il me semble que je distingue des mots… J'éteins ma lampe de poche. Je me cache derrière un fauteuil. Des voix s'approchent en se lamentant :

– Mes lames ! Mes lames ! Jamais je ne connaîtrai le repos tant que je ne serai pas rentré en possession de mes lames.

– Oh, Henry ! Je vous en supplie ! Ne vous tourmentez pas ainsi.

– Jenny, c'est le travail de toute ma vie !

– Mais Henry, nous ne pouvons pas errer ainsi jusqu'à la fin des temps !

– Mes lames ! Mes lames !

Je distingue maintenant deux formes pâles dont l'une porte un chapeau à fleurs et l'autre a les cheveux partagés en deux par une raie. Elles avancent vers le fauteuil, le frôlent, le traversent, me traversent et continuent leur chemin. Je reste figée sur place, glacée des pieds à la tête, comme télescopée par un iceberg. Je viens d'être traversée par deux fantômes ! Personne ne voudra croire ça. Les voix s'éteignent. Je me pince de toutes mes forces. Mais je ne me réveille pas. Je continue à rêver puisque maintenant je vois distinctement un fantôme vêtu d'un long drap blanc se planter devant moi et me demander :

— Qu'est-ce que tu fais ici en pleine nuit ?

— Je… je ne voulais pas vous déranger, monsieur le fantôme, je…

— Qu'est-ce que tu me chantes là ? Au lit, et plus vite que ça ! Sinon, trois fiches supplémentaires ! Vous allez voir !

Ces mots produisent une sorte de choc électrique. Je me réveille pour de bon et je reconnais Mme Ho en robe de chambre ! Elle m'entraîne vers l'aile des filles quand brusquement un cri à peine humain nous arrête dans notre élan. Immédiatement, nous nous précipitons dans le grand salon que nous venons de quitter. Des lampes de poche virevoltent, tandis que ça crie, ça gémit, ça court. Soudain, le lustre du salon s'allume et je découvre une scène de bataille : Skinner a attrapé Le Tondu, M. Eps a tordu en arrière le bras de Double-Dose, D'Artagnan tient prisonnier un fauteuil renversé, et les élèves de la classe s'empoignent les uns les autres, pyjamas arrachés, cheveux en désordre. Moi, je me glisse sous une immense armoire : ce salon est trop fréquenté les nuits de grand vent !

– Pourtant je le tenais !

– Un bruit dans le couloir qui m'a réveillé…

– Je discutais tranquillement avec Sir Mac Ti, vous savez, le fantôme aux guêtres, quand…

Bref, impossible de savoir comment tout ceci a commencé. Tandis que je rampe pour sortir de sous l'armoire, j'aperçois sur le sol, à côté du canapé, un tas de chiffons qui ne devrait pas être là. Et dépassant du tas de chiffons, un pied nu.

6

Un drôle de cri sort de ma gorge. Tous les regards se tournent vers moi, puis vers le canapé. On se précipite. Le tas de chiffons est une robe de chambre.

– Lady Lisa Ti! s'exclame Mme Ho. Vous allez voir… Elle est… elle est…

Skinner s'approche sans qu'un muscle de son visage ne bouge. Il prend le pouls de Lady Lisa.

– Elle est évanouie. *Well…* J'appelle un docteur et je préviens la police.

Seule une légère hésitation dans ses paroles a trahi son émotion. J'aurais bien voulu rester dans le grand salon pour assister à la suite des événements, mais les profs nous obligent à regagner nos chambres.

– Tu as remarqué? me dit Double-Dose.

– Quoi donc?

– Mister Bick et Mister Pick… Une fois de plus, ils n'étaient pas là. Bizarre, non?

– Tu… tu crois que c'est eux qui ont assommé

Lady Lisa Ti ?

– Sais pas… On demandera demain aux garçons. Bonsoir !

Et ma copine s'endort instantanément. Comment peut-elle passer une bonne nuit après tout ce qu'on a vécu ? Pour les moutons, j'ai déjà essayé, ça n'a pas donné le résultat souhaité. Alors je me tourne et je me retourne dans mon lit en me repassant le film de la soirée. Sir Henry Ti et sa femme Jenny… Les lames… La sensation d'iceberg… Rêve ou réalité ?

Le lendemain, nous ne parlons que des événements de la nuit dernière. Je fais timidement allusion à Henry et Jenny. Double-Dose lève les yeux au ciel :

– Arrête de te bourrer de carambars et tu n'auras plus d'hallucinations !

– …et moi, avec Sir Mac Ti…

D'Artagnan raconte sa discussion avec son fantôme préféré. Je me tourne vers ma copine :

– Et à lui, tu lui dis rien ?

– D'Artagnan, c'est D'Artagnan !

– Mais les lames, je les ai pas inventées !

Lames de couteau ou lames sur la mer

Qui a trouvé un message codé ?

déchaînée ? Dans les deux cas, le dialogue entre Sir Henry et Jenny n'a ni queue ni tête. C'est la caractéristique des rêves, d'après Double-Dose. Quant au Tondu, il raconte sa surveillance nocturne de Mister Bick et Mister Pick. Après avoir débarrassé les tables, les maîtres d'hôtel ont préparé le buffet pour le petit-déjeuner du matin, et ils sont allés se coucher.

– J'ai guetté à leur porte : ils ne sont pas sortis de leur chambre.

– Alors, ils seraient hors de cause, dit Double-Dose en fronçant les sourcils. Mais pourquoi n'ont-ils pas été réveillés comme les autres ? Ils ont peut-être découvert un passage secret pour quitter leur chambre sans être vus…

Moi je pense à Lady Lisa Ti. Comment va-t-elle ce matin ? Qui l'a attaquée ? Pourquoi ? Je ne comprends pas comment on peut faire du mal à quelqu'un d'aussi sympathique qu'elle…

– Le mystère n'est pas près de s'éclaircir, dis-je en soupirant.

– Sauf si on arrive à déchiffrer ceci !

Le Tondu a sorti de sa poche une feuille sur laquelle des chiffres et des lettres forment un message codé : J-2 H-7 P-4 sinon Y.U.

– Un indice ? Où l'as-tu trouvé ?

– Dans le grand salon. Étant donné la pagaille de cette nuit, je doute qu'on découvre à qui ça appartenait.

– J-2… murmure ma copine. Peut-être une date ? On serait à deux jours du jour J… C'est-à-dire que les malfaiteurs se prépareraient à une autre offensive dans deux jours…

– H-7, c'est l'heure H ! triomphe le Tondu. Si on part de minuit, ou douze heures, sept heures en moins, ça fait cinq heures de l'après-midi.

Le P-4 garde son mystère. Peut-être désigne-t-il un point P, c'est-à-dire un lieu. Mais lequel ?

– Vous ne croyez pas qu'on devrait remettre cette feuille à la police ? dis-je.

Mes copains admettent que c'est la meilleure solution. Mais je sens que Double-Dose a du mal à s'en défaire sans en avoir tiré plus de détails.

– Si on en parlait d'abord à Lady Lisa Ti ?

Aussitôt dit, aussitôt fait. Lady Lisa Ti accepte de recevoir une délégation de la classe de sixième venue prendre de ses nouvelles. Quand nous entrons dans son appartement, elle se repose, toute pâle dans un grand fauteuil. Elle nous raconte ce qui lui est arrivé la nuit dernière : incapable de s'endormir tant elle pensait à Sir Angus Ti emprisonné, elle errait dans le château quand on l'avait attaquée. Son agresseur lui avait jeté un foulard autour du cou. Alors le salon s'était mis à ressembler à un boulevard aux heures d'affluence.

– C'est Sir Mac Ti qui a donné l'alerte ! déclare sérieusement D'Artagnan. Il m'a tapé sur l'épaule, Cocoax a crié et tout le monde s'est précipité.

– Justement ! intervient Double-Dose. Que faisait ce « tout le monde » debout dans les couloirs de Blackmoor Castle au beau milieu de la nuit ?

Mme Ho par exemple : une simple migraine, comme elle l'a prétendu quand la police est arrivée ? Et Skinner ? Et M. Eps ? Mystère... Lady Lisa nous regarde dans les yeux et dit :

– Accepteriez-vous de m'aider ? J'ai quelque chose d'un peu délicat à vous demander...

– Que faut-il faire ? s'écrie Double-Dose.

– Voilà... Je crois que je sais pourquoi j'ai été attaquée cette nuit. Angus fait des recherches scientifiques. J'ignore de quoi il s'agit exactement, mais je sais qu'il a enfermé quelque chose d'important dans l'armoire aux deux cœurs. C'est une armoire de mariage qui date de plusieurs siècles. Elle comporte deux serrures et chacun des époux détient une clé, si bien qu'elle ne peut s'ouvrir que d'un commun accord. Angus m'a confié sa clé avant d'être arrêté. Heureusement, je ne l'ai pas conservée avec la mienne, car elle m'a été volée la nuit dernière ! J'ai peur qu'on m'attaque à nouveau pour me voler la seconde clé. Et je ne veux pas en parler à la police : elle ouvrirait l'armoire sans demander son avis à Angus.

– Vous aimeriez que nous conservions cette clé, n'est-ce pas ?

– Oui… Mais ça peut être dangereux si les malfaiteurs l'apprennent !

– Moi, je sais où la cacher, dit D'Artagnan en prenant la clé.

Deux jours se passent dans le calme. Deux nuits aussi : ça fait du bien de dormir pour de vrai de temps en temps ! Lady Lisa Ti se remet d'autant plus vite de ses émotions que Sir Angus Ti a été libéré. Mais l'enquête piétine. Aucun nouveau suspect n'a été arrêté, ce qui rend l'atmosphère assez lourde à Blackmoor Castle. Il n'y a que Cocoax et D'Artagnan qui vivent dans l'insouciance. D'Artagnan parce qu'il est dans la 33 lune, Cocoax parce qu'elle est très occupée à donner des leçons de français aux grenouilles du parc, tout en apprenant l'anglais. Ça fait rire D'Artagnan à cause de la prononciation :

– Je m'appelle Cocoax : *my noame is Cocoax.* Je suis une grenouille française : *I oam a french froag.*

Le troisième jour, après la folle nuit de Blackmoor Castle, nous nous retrouvons dans le château, avec un programme de correction de fiches et autres tortures scolaires.

– J-2, c'est aujourd'hui, si nous avons bien calculé ! dit Double-Dose. Il doit se passer quelque chose à H-7, c'est-à-dire cinq heures cet après-midi ! Mais P-4, on ne sait pas où c'est. Alors voilà ce qu'on va faire…

D'Artagnan est chargé de surveiller le parc. Périmètre immense, mais avec son réseau de grenouilles-vigiles, rien n'échappera à notre 34 copain. Double-Dose s'occupera de la partie centrale du château. Le Tondu prend en charge la partie droite, moi la partie gauche.

Voilà comment je me retrouve à déambuler
toute seule dans l'aile gauche. Pourvu qu'il ne se
passe rien ! J'ai réussi à quitter la salle de cours
en prétextant un mal de tête. Au moins, je suis
libre de manger tous les carambars que je veux.
Tant pis pour les hallucinations.

À six heures et demie, nous faisons le point :
rien n'a eu lieu, du moins partout où nous avons
exercé une surveillance.

– Peut-être qu'on a mal déchiffré le message
codé ? Et que veut dire : sinon, Y.U ?

Double-Dose passe le reste de la soirée à se
torturer les méninges, jusqu'au journal télévisé
du soir. Car alors, on annonce une nouvelle
diffusée sur toutes les radios et télévisions
d'Écosse, d'Angleterre et bientôt du monde,
une nouvelle tellement extraordinaire que tout
le reste est oublié : Nessie a fait une apparition
cet après midi dans le Loch Ness !

7

Le premier moment de stupeur passé, la classe de sixième réclame à grands cris une sortie nocturne sur le Loch Ness.

— Personne ne sortira ce soir ! s'écrie madame Ho. Vous allez voir !

M. Eps, qui aurait peut-être voulu y aller carrément, est souffrant. On ne le voit pas au dîner. Il ne nous reste plus qu'à suivre à la télévision le programme spécial consacré au monstre du Loch Ness après le journal. Guerre, marée noire, attentats, l'actualité n'est pas rose... Les adultes nous reprochent souvent nos bêtises. Moi, je trouve que les leurs sont bien plus graves. Et eux, qui les punit ?

— Ne te laisse pas impressionner, me dit Le Tondu. Reprends quelques scones, ça ira mieux.

— Mmm... Délicieux... Mister Bick et Mister Pick sont sûrement innocents ! Des malfaiteurs ne peuvent pas faire d'aussi bons gâteaux !

— Chuuuut ! Ça commence !

Qui réussit à déchiffrer le message codé ?

Reportages et images d'archives défilent sur l'écran. D'Artagnan et Cocoax sont fascinés. Assise à côté de moi, Double-Dose ne cesse de griffonner, triturant en tous sens le message codé : J-2 H-7 P-4 sinon Y.U. Ma copine veut absolument venir à bout du mystère. Et je lui fais confiance, elle y arrivera. Alors pourquoi me fatiguer ? Soudain, elle se fige, le papier tremblant dans les mains.

– Eurêka ! J'ai compris ! J-2, ce n'est pas un jour. En anglais, on aurait D-2, car jour se dit *day* ! J-2, c'est une lettre ! Si on remonte l'alphabet, on tombe sur la lettre H. Même démarche pour H-7 : ce n'est pas l'heure, mais la lettre A. Avec P-4, on aboutit à L.

– H.A.L… je murmure. Et alors ?

– Sir Henry, Sir Angus, Lady Lisa… C'est justement dans cet ordre que les attaques ont eu lieu !

– Sir Henry ? Tu ne vas pas me dire que tu crois à une attaque contre un fantôme ?

– Souviens-toi de la vitrine brisée dans le bureau de Sir Angus Ti : elle contenait les souvenirs d'Henry. Puis on s'en est pris à Sir Angus et ensuite à sa femme !

– Mais les malfaiteurs ont sans doute obtenu ce qu'ils voulaient : ça fait deux jours qu'il ne s'est rien passé.

– Qui te dit qu'ils ne préparent pas autre chose ? L'enquête de la police n'a pas abouti ! Pense à la fin du message : sinon Y.U.

C'est alors que le présentateur de la télévision annonce une nouvelle excitante : Nessie a de grandes chances d'apparaître à nouveau la nuit prochaine car on attend une météo favorable avec un ciel dégagé. Toute la classe supplie Mme Ho d'organiser une sortie. Cette fois, elle accepte. D'Artagnan et Cocoax se regardent :

– J'ai hâte d'être à demain, dit mon grand copain à sa grenouille. Pas toi ?

– Coaaaa !

Le lendemain soir, les bords du Loch Ness sont noirs de monde : touristes et curieux, équipes de journalistes, photographes amateurs et la classe de sixième au complet, ainsi que tous les habitants de Blackmoor Castle. Même Skinner le concombre a fait le déplacement ! Chacun se prépare au grand rendez-vous avec impatience. Le Tondu a installé son dispositif :

le canard flotte sur l'eau tandis que notre copain a les écouteurs placés sur les oreilles. Ça l'oblige à se tenir à peu près tranquille, ce qui n'est pas dans ses habitudes.

L'attente risque d'être longue… J'ai bien fait d'emporter des provisions. J'ai un arrangement avec Mister Bick et Mister Pick : ils me fournissent en scones, en échange, je leur donne des recettes françaises. Évidemment, Double-Dose n'est pas au courant. Elle les soupçonne toujours.

Soudain, les eaux frémissent. J'ai un mouvement de recul involontaire. Après tout, on est tout au bord. Si le monstre décidait de croquer un ou deux élèves ? Mais non, les eaux s'apaisent. Ce devait être un gros poisson. Soudain, Double-Dose se penche vers nous et s'écrie :

– Eurêka !

– Eurêka quoi ?

– Regardez autour de vous ! reprend ma copine. Qu'est-ce que vous voyez ?

– Ben… Plein de gens au bord d'un lac…

– Exactement ! Je ne sais pas ce que signifient les initiales Y. U., mais c'est ça le plan : pendant que tout le monde est ici, la voie est libre pour les malfaiteurs à Blackmoor Castle !

L'instant d'après, mes copains et moi, nous nous retrouvons en train d'escalader le chemin de la Yokushka Tower. Double-Dose avait vu juste : la lourde porte est entrouverte. Quelqu'un est entré au château !

– On… on va prévenir la… la popo… la police ?

– Pour lui signaler qu'une porte est ouverte ? Il faut d'abord avoir un minimum de preuves…

Moi, je sais ce qui nous attend : un maximum d'ennuis. Que ce soit bien net : aucune force au monde ne pourra me faire entrer en pleine nuit dans cette maudite tour !

– Alors, attends ici ! Tu fais le guet, d'accord ?

– Mais… je vais être toutou… toute seule ?

Bien sûr, j'entre dans la tour à la suite de mes copains, et je monte l'escalier avec eux jusqu'au hall d'entrée de Blackmoor Castle. La porte qui donne vers les appartements de Sir Angus Ti a été fracassée à coups de hache. Et les cambrioleurs sont sans doute à l'œuvre, à en juger par le remue-ménage qui provient de son bureau. Je tremble comme une feuille.

– Re…retournons, retournons vite ! C'est… c'est susu… suffisant comme preuve.

– On reste pour les surveiller. Toi, Crème-Baba, va dans le grand salon, il y a un téléphone. Préviens la police.

Enfin ! Je n'ai jamais couru aussi vite sur la pointe des pieds ! Mais au moment où je décroche le téléphone, un homme cagoulé, maigre comme un fil de fer, me pose un revolver sur la tempe. Mon sang se fige. J'ai l'impression d'être en coton. Demi-tour, ordonne l'arme. Je rejoins mes copains déjà prisonniers d'un complice à la carrure d'athlète, cagoulé lui aussi. Dans ses mains de bûcheron, il tient la hache avec laquelle il voulait s'attaquer à l'armoire aux deux cœurs. Je la reconnais grâce à ses deux serrures sculptées. Le bûcheron attrape D'Artagnan par sa chemise et lui crie :

– Toi, le grand à tête d'ahuri, tu as la deuxième clé, on le sait. Tu la donnes et vite fait, sinon…

D'Artagnan le regarde sans comprendre. Alors le bandit furieux saisit Cocoax par une patte, lève sa hache et hurle :

– Je découpe ta grenouille en rondelles si tu donnes pas la clé, compris ?

– Coaaaahhh !

– Nooon ! Ne lui faites pas de mal ! La clé, c'est Sir Mac Ti qui l'a !

– La clé aux mains d'un fantôme ? Tu t'imagines qu'on va croire tes salades ? Dis adieu à ta bestiole !

– Aaah… Arrêtez ! La… la clé… Elle est cachée dans les ggg… les guêtres de la vitrine !

L'homme lâche Cocoax et se précipite vers le grand salon pendant que son complice nous tient toujours sous la menace de son arme. Quand l'athlète revient, il tient la clé manquante à la main. Les malfaiteurs font jouer les deux clés dans les deux serrures. Et ça marche. Alors, juste avant d'ouvrir les battants de l'armoire, ils décident de régler notre sort. L'escalier de la Yokushka Tower fera l'affaire, une fois la porte du bas barricadée. Le Tondu a beau se battre comme un diable, il ne réussit qu'à arracher la cagoule du fil de fer. Une tête inconnue apparaît. Le bandit lance un juron et nous pousse violemment dans l'escalier. La porte claque. Nous voilà prisonniers dans le noir !

8

– Rien de cassé ?

– Euh… J'ai l'impression d'avoir été renversé par un autobus, à part ça, ça va…

Assis sur les premières marches de l'escalier, immobiles dans le noir, nous chuchotons pour nous sentir proches les uns des autres. Il va falloir passer la nuit là, sans rien à se mettre sous la dent… Parce que ce n'est pas avec quelques scones et une poignée de carambars que quatre personnes plus une grenouille vont pouvoir survivre ! Et dire que pendant ce temps, la classe de sixième assiste à l'apparition historique de Nessie !

– Qu'est-ce qu'on fait ?

Chacun donne son avis. Sauf D'Artagnan. Encore dans la lune, probablement. Pourtant, d'habitude, Cocoax a la langue bien pendue !

– D'Artagnan ? Cocoax ?

Silence. Je tâte la marche en dessous de la mienne : personne.

– Il… il a dis… disparu !

– On ne disparaît pas comme ça ! Il a dû descendre dans la salle au puits. On n'a qu'à le rejoindre.

En nous traînant sur les fesses, marche à marche, nous descendons l'escalier, tout en appelant notre copain. Sans obtenir la moindre réponse… Quel fantôme a surgi des murs de la tour pour se saisir de D'Artagnan et de Cocoax ? Mon copain est-il à jamais prisonnier des vieilles pierres qui nous entourent ? J'en frissonne d'horreur.

– Cocoax ? D'Artagnan ?

– Coa ! Coa !

– Ha, tout de même !

– C'est vous les copains ?

– Non, c'est la reine d'Angleterre ! Qu'est-ce que tu fabriques là dans le noir ?

– J'ai suivi Cocoax ! Elle cherche une sortie.

J'avance avec les bras tendus devant moi. D'Artagnan est appuyé sur un rebord de pierre : la margelle du puits. Une sortie ? J'espère que Cocoax n'imagine pas qu'on va descendre dans le puits !

– On va descendre dans le puits, traduit D'Artagnan.

– Tu es fou ? On va se noyer ! On n'est pas des grenouilles, nous !

– Le Tondu, tu aurais mieux fait de fabriquer un système à infrarouge pour percer les ténèbres.

– Mais ça me donne une idée !

On l'entend farfouiller et soudain jaillit un minuscule éclair. C'est le porte-clé qui rattache le canard au détecteur de monstre du Tondu : il comporte une minilampe de la taille d'un crayon. À chaque pression du doigt une lueur éclaire le fond du puits. Sur ma rétine s'est imprimé le reflet de l'eau tout en bas. Je refuse absolument de plonger là-dedans. Mes carambars vont fondre.

– Des marches ! s'écrie Double-Dose.

Ma copine a eu le temps d'apercevoir les parois du puits : des pierres font saillie tout le long, permettant de descendre pas à pas et non en chute libre. On évite le plongeon, d'accord, mais on finit quand même par un bon bain. C'est peut-être excellent pour détendre les grenouilles stressées, mais il est hors de question que moi, je…

– Coaaaw ! Coaaaw !

– Qu'est-ce qu'elle dit ?

Qu'a trouvé Cocoax ?

– Sans rire, maintenant ! ordonne D'Artagnan en se penchant vers les profondeurs. Parle français ! Ce n'est pas le moment de réviser ton anglais.

– Coaaa ! Coaaa !

– Tu en es sûre ? Waou ! s'écrie D'Artagnan plein d'enthousiasme.

– Tu parles chien, maintenant ? demande Le Tondu.

– Elle a trouvé un passage secret ! Il y a un couloir qui démarre à mi-puits. Ça conduit forcément quelque part.

– Laisse-moi deviner, murmure Double-Dose. Dans un cachot du Moyen Âge ? Dans un souterrain effondré ? Tu veux finir dans une poubelle de l'Histoire ?

– Envoie-la explorer un peu plus loin… suggère Le Tondu.

Sur l'ordre de D'Artagnan, Cocoax s'enfonce dans le passage secret. J'admire son courage. Moi, jamais je n'aurais eu le cran de descendre dans ce puits tout noir. Heureusement, personne ne me le demandera jamais… Enfin, j'espère !

C'est alors qu'un grincement nous parvient du haut de l'escalier. Nous entendons la porte s'ouvrir. Des lueurs balaient le mur. Des voix résonnent.

– Le fil de fer et l'homme à la hache !

– Que… Qu'est-ce qu'ils nous… nous veulent ?

– Devine ! Le Tondu a vu le visage de l'un d'eux, ça ne leur a sans doute pas plu.

– A… alors… On… on fff… on fait quoi ?

– On file !

D'Artagnan a déjà enjambé la margelle du puits. Double-Dose me pousse à sa suite, et nous disparaissons tous dans les profondeurs du puits. Je me colle désespérément à la paroi, cherchant les marches des pieds et des mains. Quand les flashs du Tondu trouent les ténèbres, j'aperçois en bas l'eau noire qui me regarde avec un œil cruel. J'ai l'horrible impression de descendre dans mon tombeau. Enfin le couloir secret ! Je me glisse dedans, hors d'haleine. Là-haut, des lampes balaient la salle où nous étions tout à l'heure. Les malfaiteurs nous cherchent partout. Je tends les bras vers Double-Dose pour l'aider à se glisser dans le boyau.

– Vite ! Vite !

Ma copine se retourne pour accueillir à son tour Le Tondu. Soudain, il glisse. Un cri étouffé lui échappe. Double-Dose se plaque au sol pour le retenir. Le passage est trop étroit pour que je puisse faire quoi que ce soit. J'entends seulement les efforts désespérés de Double-Dose et du Tondu. Là-haut, les malfaiteurs s'agitent, le faisceau de leur lampe balaie le puits, s'attarde, scrute les profondeurs… J'aperçois mes copains plaqués au sol, Le Tondu avec une joue écorchée, Double-Dose avec son gilet déchiré. Personne n'est tombé. Au fond du puits, l'eau doit être comme un miroir parfait. Là-haut, on en déduit que nous ne sommes pas là. La lueur s'éloigne. La salle retombe dans le silence et dans le noir.

– Et maintenant ?

– Deux solutions : remonter par le puits ou essayer le passage secret.

Entre le pire et le pire, que choisir ? C'est le retour de notre grenouille exploratrice qui met tout le monde d'accord sur la suite des événements : l'exploration du passage secret. Il faut avancer courbé en deux dans un tunnel taillé dans le roc, en se cognant la tête et en s'écorchant les mains. Bizarrement, plus on s'enfonce dans la terre, plus il me semble que je m'habitue à l'obscurité. Soudain, la voûte s'élève, les parois s'écartent, et je distingue les contours d'une immense grotte naturelle au milieu de laquelle s'étend un lac souterrain.

– Des parois phosphorescentes ! s'écrie Double-Dose.

– C'est très joli, mais où est la sortie ?

Le boyau s'arrête là. Autour du lac, il n'y a aucune issue, aucun passage où se glisser. Cocoax nous a seulement menés où son instinct la guidait : au bord de l'eau !

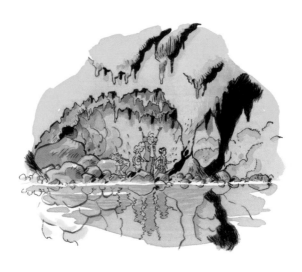

9

– Il n'y a plus qu'à attendre, dit D'Artagnan.

– C'est tout ce que tu as trouvé pour nous sortir de là ? s'exclame Le Tondu. Aller s'enterrer vivants dans une grotte où personne ne viendra jamais nous chercher ?

D'Artagnan regarde Le Tondu avec pitié. D'un geste large mon grand copain désigne la grotte et le lac en expliquant :

– C'est ici que j'ai retrouvé Cocoax le jour où j'ai plongé dans le Loch Ness avec la combinaison d'homme-grenouille ! Et devine avec qui elle était en train de discuter ? Vous n'allez pas me croire…

– Mais alors, coupe Double-Dose, ça signifie que cette grotte communique avec le Loch Ness !

Soudain, le lac semble exploser : quelque chose émerge de l'eau et dresse son immense silhouette jusqu'au plafond de la grotte. Une tête semblable à celle d'un cheval nous regarde les uns après les autres. Épouvantée, je recule contre la paroi de la grotte en espérant de toutes mes forces disparaître dans le rocher. La bête allonge son cou dans ma direction, me renifle, et je sens l'appel d'air frais qui me balaie la joue. Je n'arrive plus à respirer. La tête se détourne et continue son inspection jusqu'à D'Artagnan qui la salue tranquillement :

– Hello Nessie ! *How do you do ?*

– Coaw ! Coaw ! s'exclame Cocoax avec l'accent anglais.

Le monmon… le monstre du Loch Ness ! Alors il existe vraiment ! Et en plus, il est apprivoisé ! À nouveau, l'air circule dans mes poumons.

– La grotte est le refuge où Nessie se cache lorsqu'on lance un programme de recherche sur le Loch Ness, dit D'Artagnan. Ce sont les grenouilles de Blackmoor Castle qui se passent la nouvelle de mare en lac. Et ce service de renseignements fonctionne très bien depuis des siècles !

– Dites, au lieu de faire la conversation, si on s'occupait des malfaiteurs ? dit Double-Dose.

Nessie raconte à D'Artagnan ce qu'il a vu : sur les bords du Loch, les caméras filment une tête de monstre marin qui émerge. Mais sous la surface, un homme-grenouille manipule une maquette en plastique. Nessie pense qu'il s'agit d'un canular de plus dans la longue série dont il a déjà été témoin. Mais D'Artagnan lui révèle que c'est pour faire diversion pendant qu'on pille le château. Nessie hennit avec colère. Fidèle à sa promesse de protéger toujours les habitants de Blackmoor Castle, il plonge pour aller régler son compte au faux monstre.

Quand il est de retour, il tient dans sa gueule un homme-grenouille terrifié. Nous lui arrachons son masque de plongée.

– M. Eps !

– Saleté de gamins, je…

M. Eps tente un geste contre nous, mais le monstre du Loch Ness se dresse de toute sa hauteur. Terrorisé, le prof se recroqueville sur le sol.

– Il faut sortir de là, maintenant ! s'écrie Le Tondu.

– Mais comment ?

D'Artagnan a un plan. Il va enfiler la combinaison d'homme-grenouille. Guidé dans les ténèbres du lac par Nessie, il remontera à la surface et préviendra la police. Quant à nous, après avoir promis de ne jamais révéler la cachette de Nessie, nous retournons dans la

Quel élève de la classe de 6ᵉ a réussi à parler avec le monstre du Loch Ness ?

Yokushka Tower où on viendra nous ouvrir la porte. Mais que faire de M. Eps ?

— Nessie s'en chargera ! dit D'Artagnan.

Finalement, les aventures, c'est bien. Surtout quand c'est fini. Lady Lisa Ti nous a fait servir une délicieuse collation pendant que nous racontons tout aux policiers… Enfin pas tout. Pas Nessie, bien sûr. Mister Bick et Mister Pick m'ont même préparé quelques babas à la chantilly. Dire que Double-Dose les soupçonnait ! Mais leur secret, c'est qu'ils sont presque sourds : la nuit, ils enlèvent leur appareil auditif et dorment à poings fermés en dépit des fantômes, des tempêtes ou des voleurs.

Le fil de fer et l'homme à la hache ont été arrêtés à l'aéroport. Leur oncle était un chercheur récemment décédé. Dans l'héritage, ils avaient découvert une collection de lames de diatomées autrefois volées à Sir Henry Ti…

— C'est quoi les lames de dia… dia… diamachin ? je demande.

— Lames de diatomées ! Les diatomées sont des algues marines microscopiques qu'on place entre deux lames de verre pour les examiner au microscope, explique Sir Angus Ti. Leur étude est revenue à la mode, parce qu'on vient de découvrir que grâce aux diatomées, on peut mettre au point un nouveau procédé de dépollution de l'eau par filtrage… Il y a des industriels prêts à payer des fortunes pour cela !

– Mais si les héritiers avaient déjà les lames, pourquoi s'attaquer à vous ?

– Les lames n'ont aucune valeur sans le manuscrit de Sir Henry, qui décrit chaque diatomée et précise où elle a été récoltée.

– Et ce manuscrit, il était dans l'armoire aux deux cœurs, je suppose ? dit Double-Dose.

– Exactement. Mon travail consistait à reconstituer un échantillon de diatomées d'après le manuscrit et à tester leur pouvoir dépolluant.

Mais comment M. Eps a-t-il été mêlé à cette affaire ? Le témoignage de Mme Ho fournit la réponse. Dès que les héritiers ont su qu'une classe venait loger chez le premier découvreur des diatomées, ils ont tenté de corrompre un des accompagnateurs. Ils ont essayé avec Mme Ho, sans bien sûr lui révéler le but de leur tentative, mais ils ont vite compris qu'elle ne se laisserait jamais acheter. M. Eps, lui, a craqué…

41

— Au fait, où est-il ? On l'a retrouvé ?

— Oui, il errait à l'autre bout du Loch Ness, à plus de trente kilomètres d'ici. On l'a transporté à l'hôpital. Il paraît qu'il délire complètement avec des histoires de monstre, de grotte phosphorescente et de grenouilles bilingues…

Le lendemain matin, Sir Angus Ti et Lady Lisa Ti nous reçoivent tous les quatre dans le grand salon de Blackmoor Castle où un thé est servi. Une fois de plus, Mister Bick et Mister Pick se sont surpassés. Leurs guêtres me rappellent le mystère de notre première nuit à Blackmoor Castle. Qui se promenait dans les couloirs ?

— Tout simplement le propriétaire des guêtres qui craquent, Sir Mac Ti en personne ! affirme Sir Angus. Il aime se tenir au courant de ce qui se passe chez lui, alors il se promène la nuit… Et puis, à son âge, il n'a plus tellement besoin de sommeil, n'est-ce pas ?

Double-Dose fronce les sourcils. Moi aussi je m'étonne : comment, avec son esprit scientifique, Sir Angus peut-il croire aux fantômes ?

— La science n'explique pas tout…

Voilà un argument que je pourrai ressortir à

ma copine ! En tout cas, j'en connais deux qui peuvent désormais profiter tranquillement de leur éternité au lieu de se ronger les sangs : Sir Henry Ti et sa tendre Jenny au chapeau fleuri.

— Ce que je n'ai pas encore compris, dis-je, c'est les initiales Y. U. du message codé.

— Y. U., autrement dit Yok Uhska, explique Sir Angus. En vieil écossais, cela signifie le cheval de la mer et désigne le monstre du Loch Ness. D'où le nom de la tour !

Skinner fait son entrée, apportant les journaux du matin. Le concombre s'incline :

— Que Sir Angus Ti et Milady me permettent de féliciter les jeunes héros de la classe de sixième pour leur courage !

Un léger sourire étire ses lèvres. C'est sans doute l'expression de la joie la plus délirante chez lui ! Les journaux racontent les événements de la nuit et concluent à une supercherie de plus à propos de Nessie, le célèbre monstre du Loch Ness.

— Eh bien c'est parfait ! s'exclame Sir Angus Ti. Le véritable Nessie peut dormir tranquille sous la Yokuhska Tower !

— Vous… vous voulez dire que vous êtes au courant ? s'étonne D'Artagnan.

– Bien sûr ! Depuis Sir Mac Ti, le secret se transmet de génération en génération. Ce que j'ignorais, par contre, c'est le système de communication avec les grenouilles du parc.

– Merci Cocoax ! s'écrie Lady Lisa Ti en déposant un baiser sur sa tête.

– La seule chose que nous vous demandons, reprend Sir Angus Ti, c'est le secret absolu. Je ne veux à aucun prix que Nessie, qui protège ma famille depuis si longtemps, soit capturé et devienne une bête de foire ou un sujet d'étude.

Alors, face aux tableaux de tous les ancêtres de Sir Angus Ti, nous jurons solennellement de garder pour toujours le secret, afin que jamais Nessie ne souffre de la curiosité et de la cupidité humaines :

– Vous avez notre parole !
– Motus et bouche cousue !
– On ne dira pas un mot !
– On restera cois !
– Coa !

1

le **Loch Ness**
Un loch est un lac
allongé, occupant le fond
d'une vallée en Écosse.
Le Loch Ness est le lac
écossais le plus célèbre.

2

amadouer
Apaiser quelqu'un
de menaçant.

3

un **milieu hostile**
Endroit où il est difficile
de vivre.

4

un **rite**
Règle, manière de faire
qu'on répète toujours
de la même façon.

5

l'**aventurite**
Mot inventé par
Crème-Baba : maladie
qui donne envie de vivre
des aventures.

6

s'ébattre
Bouger, sauter, courir,
juste pour le plaisir,
pour s'amuser.

7

un **majordome**
Maître d'hôtel dans
une grande maison où
il y a des domestiques.
Il est leur chef.

8

un **prototype**
Premier exemplaire
d'une invention.

9

un **éperon rocheux**
Rocher qui s'avance
dans la mer ou
dans un lac.

10

une **protection mutuelle**
Chacun protège l'autre.

11

errer
Marcher au hasard.

12
une **jambière**
Sorte de vêtement qui
enveloppe et protège
la jambe.

13
est **doté**
Possède.

14
dompter les avirons
Se rendre maître des
avirons, réussir à bien
ramer.

15
des **interférences**
Phénomènes physiques
(ondes, vibrations) qui
empêchent un appareil
de bien fonctionner.

16
la **persuasion**
L'art de convaincre.

17
un **scone**
Petit gâteau individuel
de forme ronde, épais,
que les Écossais mangent
en buvant le thé.

18
à son **insu**
Sans qu'il le sache.

19
étanche
Qui ne laisse pas
entrer l'eau.

20
lugubre
Sombre et triste.

21
le **somnambulisme**
Fait de marcher
en dormant.

22
une **extravagance**
Action bizarre,
qui surprend
les autres.

23
un **gyrophare**
Lumière tournante
placée sur le toit des
véhicules prioritaires
comme ceux de
la police.

24
un **sonar**
Équivalent d'un radar
sous l'eau.

25
un **amphibien**
Animal qui peut vivre
à l'air et dans l'eau.

26
pétrifié
Comme transformé
en pierre sous l'effet
de la surprise.

27
acquiescer
Dire oui.

28
gastrique
De l'estomac.

29
détricoter
Défaire un tricot.
Mot inventé
par Crème-Baba.

30
figé
Immobile.

31
télescopé
Heurté avec violence.

32
virevolter
Tourner dans toutes
les directions, avec
des mouvements rapides.

33
dans l'**insouciance**
Sans s'inquiéter.

34
des **grenouilles-vigiles**
Grenouilles chargées
de surveiller.

35
déambuler
Se promener
sans but précis.

36
la **stupeur**
Quand on est
vraiment très étonné.

37
la **rétine**
La partie qui est au fond
de l'œil et qui permet
de voir.

38
elles font **saillie**
Des pierres dépassent
du mur.

39
faire **diversion**
Détourner l'attention,
faire regarder ailleurs.

40
une **collation**
Petit repas.

41
corrompre
Détourner du droit
chemin par de l'argent.

42
la **cupidité**
Défaut qui pousse ceux
qui aiment l'argent à
tout faire pour en avoir
davantage.

43
rester **coi**
Rester muet.

Les aventures du rat vert

Les aventures de Mamie Ratus

Ralette, drôle de chipie

Les histoires de toujours

Super-Mamie et la forêt interdite

L'école de Mme Bégonia

La classe de 6e

Achille, le robot de l'espace

Baptiste et Clara

Les enquêtes de Mistouflette

Hors séries

Conception graphique couverture : Pouty Design
Conception graphique intérieur : Jean Yves Grall • mise en page : Atelier JMH

Imprimé en France par Pollina, 85400 Luçon - n° L96143
Dépôt légal n° 42468 - février 2005